Motto

~

„Trennen mich von dir des Lebens Pfade,
dennoch werd' ich niemals dich vergessen;
sieh', es schimmert durch des Grabs Zypressen
uns ein Sonnenmorgen vom Gestade,
wo an Quellen Gottes wir uns einst begegnen,
und die Engel unsre Freundschaft segnen."

~

Sophie Albrecht

DAVID RABóTNIK

VERLAGSWESEN
11811

EINE REISE ZURüCK ZUR KINDHEIT

Text, Satz, Illustrationen & Umschlaggestaltung

~

David Rabótnik

Lektorat & Korrektorat

~

Richard Rabótnik

Mit Beiträgen von

~

Claudia Stark alias Fromme Schimpansin, Eva Adam, Tuğba Şimşek,

Pedro & Nadine Engel alias **Acylum**

© 2019 Verlagswesen 11811, David Rabótnik

Druck & Vertrieb: tredition GmbH, Hamburg

info@davidrabotnik.de

ISBN Paperback: 978-3-00-061427-9

Hardcover: 978-3-00-061428-6

e-Book: 978-3-00-061429-3

Bibliografische Information der Deutschen Nationalbibliothek:

Die Deutsche Nationalbibliothek verzeichnet diese Publikation in der Deutschen Nationalbibliografie; detaillierte bibliografische Daten sind im Internet über http://dnb.d-nb.de abrufbar.

Vorwort

~

Dieses Buch ist wie eine Zeitreise zurück zur Kindheit, vielleicht auch zu jeden Lesers eigenen, zu lesen.

Wem jedoch der Anfang, der „erwachsene" Teil dieses Buches, zu düster sein sollte, dieser muss sich sodann mit dem Ende, dem kindlicheren Teil, beschäftigen.

Wem dieser Teil wiederum zu perfid ist, soll versuchen die Mitte zu finden.

~

David Rabótnik den 08.11.18

Inhalte weiterer Urheber sind mit einem * im jeweiligen Titel gekennzeichnet. Und können unter „Danksagungen" auf Seite 104 eingesehen werden.

Wenn es schwingt in meiner

Mitte

Wohlauf! Wohlan! Davon!

Doch im Kreise der Mieter um sein Haus geht

Im Kreise sich drehend

seine Frau vor dem Herd

BRENNT!

(*Sie brennt*)

Um den Hals gehängt das Kind

Ein Mensch, der es nicht tragen will

Betrübt ist sein Verdienst

Eine Kette, die man gern verschenkt

entwickelt sich selbst.

Das Wilde mit den langen Haaren

das mit überfestem Schritt

hin und her schaukelt

entwindet von selbst.

Was nicht schreit, das bleibt

So bleibt der Schrei im Kind

Angelaufen ist die Kette

Das wilde Kind geleert

Verlaufen hat sich die Wildheit

Fast hängt sie durch zum Boden

Was sie noch hält, ist die laute Welt

Will nicht, doch muss sich lösen

um zurück zum Kind zu finden

das mittlerweile erste Falten zeigt

An der Seele nagt

die liebe Gleichgültigkeit

Lässt nicht vergessen

die geschmeidig' Eitelkeit

Tatzen das Wasserbeet streifen

Nach dem lang behüteten

schnappen nur wilde Tiere

Ein Pendel im Regeltakt

Es schwankt die ungewisse

eigen erzeugte Vergessenheit

Ein Raubtier im Regeltakt

Bruchstücke des Vergangenen

im Magen sich zersetzen

Befriedigtes Schmatzen

Ein süßes Gähnen

lässt erkennen, dass junge Seelen

sich leicht verzehren lassen

Schädel die verblassen

Ein junger Mann im Tal erzählt über seine erste Liebe

Ein Mädchen im tief blauen Kleid hört brav zu

Ein Freund neben ihr sucht ihre Berührung

Ein alter Mann hinter ihr schielt vehement zu ihr herüber

Symbolhaft strecke ich die Hände zum Himmel empor!

Alsbald wird unser kleines Ensemble

von einem Wölkchen Pusteblumensamen

frech und dümmlich von der Seite angequatscht!

Diese Verwirrung gibt einer alten Frau die kurze Gelegenheit

in ihren eigenen Buckel hineinzusehen

Oftmals, damit sie besser roch
strich sie sich mit dem Zeigefinger
zwei zähe Tropfen Tannenharz
hinter die kleinen Mulden ihrer Ohren

Manchmal verklebte das Harz ihr Haar
und sie strich die verklebten Strähnen
aus dem beschützenden Ohrenspalt hervor
sodass bläuliche Venen sich zeigten

Und wenn man endlich die Venen berührte
das leicht bittere Harz hinter den Ohren leckte
platzte die ganze blutrote Süße
in einen hinein!

Dies dunkle Geheimnis

was mag das wohl sein ..

Ist es sieben oder drei

Ein Glas Schokocreme

oder ein Becher Kaffee

Mondscheinglitzern

auf dem Baggersee

Dies dunkle Geheimnis

Verführerisch kokett

vor einer Vase

mit Blumenbukett

Nett arrangiert

Mit zartem Schmelz

wird es Sie verwöhnen

Kleines Wesen

treibst dein Unwesen

Gefieder zart und glatt

Scheitel nach oben hin

ausschweifend

Liebend schreiende Herzen

suchen nach der Sonne

Traurigkeit bleibt danach

Fest angezogen

Eingestelltes Glück

Festgestellte Zufriedenheit

bringt kommende Unruhe

Schlagend, schreiend,

beißend, blitzt

dein Auge - groß

Weinen kann es nicht

Singender Schnabel, teilt

nüchterne Gedanken, nur

wenn es spricht,

wenn es küsst

ist es selbst

das will, das weiß

dass nur in seiner Kralle, liegt

was kommt, es folgt:

Trennung, Alter, Einsamkeit

Doch lächeln tut das Auge

Weinen kann es nicht

Das Rotkehlchen, ein Wesen

das weicht

Das der weiße Kater

sucht, doch

nicht fangen kann

Auf der Suche nach Liebkosung

vor uns ein Blütenmeer

Rosenblätter aus Plastik

Pollen auf dem Fruchtblatt

Geschändet dein Blütenornament

Auf der Suche nach Wärme

Ein Becken alten Fettes

ist der Kelch des neuen Bundes

Zähe Zeiger vor Ladenschluss

Der Bund in unserem Blut

Auf der Suche nach Nähe

Spielende Kinder im Rosenhain

Kreischen belebt, Gelächter nährt

den Gedanken von Zweisamkeit

bei einem, der einsam ist

Auf der Suche nach Erfüllung

überfüllte Straßen uns umgebend

Zusatzstoffe unter uns vermengt

Imbissverkäuferin schweißdurchtränkt

Nichts ahnend, onanierend

Viele Farben hat das Leben
das sich in Stücke teilt
die bunt sein wollen

Wenn Liebe zu dir spricht
lass kommen, was da will
oder lass es sein!

Was ist Spott, was ist Schein
Was ist Liebe, was ist Sein
Was ist Jugend, was heißt Nein

Verbittert fragen sich manche
was sie machen würden
läge ihnen die Welt zu Füßen

Leer ich will nicht mehr

Sehen wohin geh' ich?

Liebe ist das gut?

Warten geh' hinfort!

Angst sie liebt dich

Mädchen wo ist die Uhr?

Zärtlichkeit du bist am Zug

Schach, ich spiel' doch nicht!

Verlust ich trinke dich

Honig hart wie Rinde

Denken soll ich fragen?

Leer zeichen

Sehe nur Haare im Wind

„**W**ar-te, war-te nur ein Weil-chen
Bald kommt der schwar-ze Mann zu dir
Mit dem klei-nen Ha-cke-beil-chen
macht er Ha-cke-fleisch aus dir
Lindita ist raus, Du bist raus!"

Seht Lindita lachen
Im Blütenregen stehen
Seht kleine Grobheiten
die feine Form dekorieren
Seht die geformte Schönheit
vorschnellen Ausprägungen
hinterhereilend *(lachend)*

Seht die Weiblichkeit
im Mädchenleib
Seht dichte Brauen
nach Liebe schauen
Seht uns zu! *(liebend)*
Wie wir nebeneinander schweigen
In Gedanken Zärtlichkeiten teilen
Seht uns reisen, seht uns siegen
Zum Regenbogen fliegen! *(naiv)*

Na-iv! Na-iv!
In Lindita verliebt man sich nicht!
Na-iv! Na-iv!
In Lindita verliebt man sich nicht!

Seht und sagt mir, was will ich?
Den Mensch' im Leib, *(lüsternd)*
Den durch Geist belebten Körper, *(lechzend)*
Die erlernte Süße? Oh, Deus du Körperloser!
Ich will mit Kopf und Körper kopulieren!
(verliebt)

Ver-liebt .. Ver-liebt ..
In Lindita verliebt man sich nicht
Ver-liebt .. Ver-liebt ..
In Lindita verliebt man sich nicht

Weiches Rindenbett

das auf faulem

Boden schwimmt

Stille Wasser, Nymphaea

Nasse Adern es

untergrabend

bis sich tote Inseln lösen

Borkenboote

untergehend

Sich zum Mittelpunkt

des Seins

emporhebend

Gestank!

Ganz warm und weich

Das Bettlein nun

durchtränkt

Sich die Schlafenden

im Traume wachend

trennend

Was kann ein Mensch ohne Tun wechseln?

Sich in die Haut Anderer schieben!

Dreimal umrunde ich meinen Gott

Ein Tier in mir

Wohin gehen die Kinder nach der Schule?

Was trinkt der Arbeiter nach der Arbeit?

Dinge sterben aus

Faulen, schrumpfen aus sich heraus

zu einem Zustand der Akzeptanz

Hingenommen wird, dass das Nichts machbar ist

Wenn die eigene Leere dies lobpreist

sei Frieden mit denen die mich umarmen

Mich hochheben

Gerne lasse ich sie wieder fallen

Drei Liebhaber sind zu wenig

wenn man nicht weiß wofür

Strecke deine Hand aus

Assoziiere ein Geschenk hinein

Und es wird kommen!

Du wirst es mögen

Mir vielleicht zurückschenken

wenn es gelebt und dieses zeigt

Verneig dich, lieb mich

Die Krokodile fressen dich nicht
Umarm mich und tauch ab mit mir

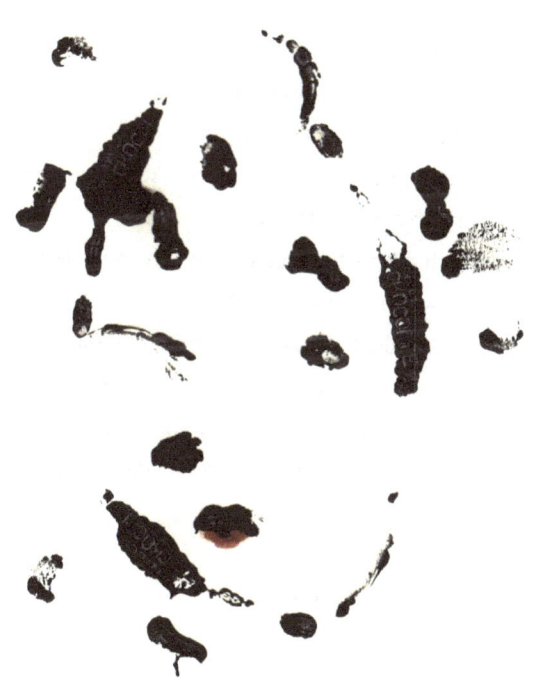

Wärst du denn eine Krähe

würdest du nicht kratzen

Würdest mit mir auf derselben Stelle stehen

Den Kopf strecken, drehen

bis etwas Funkelndes uns zum Fliegen bringt

Seien es sonnenberührte Gewässer

oder teure Armbanduhren

die uns den Weg wiesen

Du würdest mit mir fliegen

Deinen Schnabel in meine Nackenfedern graben

und mich fragen: „Magst du mich?"

Doch plötzlich würdest du dich verwandeln

Schwer und pelzig werden

Ohne Flügel, müsstest du zu Boden fallen

Ohne dass ich dich würde halten können

Drum bleib lieber ein hungriger Kater

am staubigen Boden der Ahnungslosigkeit

Verschmust, verzagt

In jede Richtung

beißend und kratzend

Ein
as Nirgendwo: Schlüssel-
D   loch

K

lagend ziehen sie!
Im Jetzt warten Andere
Im Jetzt gibt es dies nicht:
„Lass uns zusammen frei sein
Komm zu mir! Komm mit mir!"
Im Nirgendwo steht geschrieben:
„Komm zu mir! Komm mit mir!
Lass uns zusammen frei sein"
Im Jetzt gibt es dies nicht
Im Jetzt warten Andere
Klagend ziehen sie,

lechzend hoffen sie

auf einen goldenen Käfig

Bauen Häuser, bauen Brücken,

Schlösser .. Oh! Und ganz plötzlich ..

verloren sind die Schlüssel, unter der Brücke

Verloren ist die Liebe, die nun starr im Schlamm
des Flusses steckt

Ein Insulaner: „Die Menschen, die Brücken bauen -
die brechen, brechen auf die Brücken ihre Kotze   Verloren.
Sehen sie, riechen sie, schmecken sie und Von Insel zu Insel
gehen doch des Weges, ihres Weges zu Von Gedanke zu Gedanke
flieht man mit bloßen Füßen

Schimmerlos.
Groß ist die Stadt
Doch klein dein Reich
denn Brücken sind selten

For Scott

In das eines jeden Dasein
scheint schon mal
ein Unglück rein

Für den Einen
ist mit Mut und Wille
vieles wieder im Reinen

Für den Anderen
bleibt es ein Einschlag
ohne Wendung

In stummer Krümmung
biegt sich der Hauslose
durch Menschensteine,
Kartenhäuser

Im selben Rhythmus
seiner Ruhelosigkeit
jeden Tag die selben
Routen nehmend

Scott: „Lass uns in den Pub dort gehen!"
Ich: „Scott, erzähl über dich!"
Scott: „Ich sitze hier, dass ist alles
was ich dir sagen kann."

Es gibt nichts zu tun.

Im nächsten Pub wird Pool gespielt
Getrunken bis man taumelt
und um paar Pounds gestritten

Diesem Mief entkommen

werden draußen Frauen angepöbelt

Bis man bei der

'Salvations Army' angelangt

Wie schon die Tage zuvor

haben auch die

kein freies Zimmer für Scott

Wir schlafen draußen

Scott stinkt, trinkt und raucht

Isst Hähnchen mit den Händen

Ich verabschiede mich

am nächsten Morgen:

Ein Bier jetzt und hier

hilft mir zu übergießen

die zerbrochenen Fliesen

Seit Jahren sich überhäufen

Schichten von Ausläufen

Die begonnen zu fließen

doch sind alle versiegt

in verschiedensten Krisen

Es folgt

WIEN IM JÄNNER**

Ein Zeitgedicht

I   Wien, du Stadt der Lüsterie!

Beugsam erliegt man deiner

kokettierenden Schickerie

Heißt, es wird flaniert unendlich lang

unendlich lange Schlünde lang

Deren Pforten, kirchentorgroß

Bei näherem Betrachten:

Ein Kaufhausschoß

gebettet auf ein künstlich Moos

Wo auf besagtem grauen Grund

kleine, gelbe Schwammerl

sprießen kerngesund!

II   Und wo der Pilz nicht fern

da die Pisse auch nicht weit

Denn in Wien passiert's -

durch die Hügelei, dass die Pisse

dampft und fließt, bis sie friert

Vom Bäcker, oben

bis nach unten

in die Fleischerei

So wird vereint:

Semmerl und Würstl

Wird verpackt und verkauft

im Sackerl - Viel zu teuer!

III Doch wo kommt die Pisse denn nun her?

Ja, ja, das ist schon gar speziell; Hört! Hört!

Vom Wiener Köter kommt die her!

Das mag sein ein Mensch

Doch noch umso eher

ist es ein kleines Krägelein aus Köterpelz,

das zwar lebt, auch manchmal läuft

doch an manchem Halse hängt

wie des einen Modepüppchen

das zum eignen Strick geworden

Krambambuli es schon hätte längst zerfetzt

wäre ihm nicht der Beißkorb aufgesetzt

IV Also, wer in Wien auf sich was hält

der hält sich einen Köter

Der jedoch beim Wiener wird zum: Köterl

Und die Dame, mit dem Köterl

im Pelz der Biberratterl

die auf sich da hält noch mehr

die geht ins Museuml - Bussi, Bussi

Adabei, Oontz!, Oontz!, Oontz!

bis zum morgendlichen Ohnmachtsschrei

Und am Folgetage wird moderne Kunst

von Tmilk und Eleisch zum Thematikl

des sonntäglichen Damenkränzl

V

Woanders, in selbiger 'Museumsnacht' ..

Ein Mädchen, die da sitzt daheim

mit einem Zweigelt, jedoch leider:

Leer, der schöne rote Wein

Nur die entblößte Flasche, wie ein Turm

noch da steht im Meer der Selbstbemittlerei

In einer Bucht die da heißt:

'Zwischen den Beinen'

im Land der Wiener Ungezügelei

So, der aus der Bemittlerei

ragend, runde Flaschenhals

wird zum Instrument unerfüllter Lüsterei

VI

N

.

Also haben wir einmal die Lüsterie

Woanders auch die Lüsterei

Beide anzutreffen: Im Paradies

W .   . **E**

Denn wie schon damals

so auch heut' ist dies:

Wien, so schön wie nie!

.

I

Zwischenspiel eines Arbeiters

Ihn ballt

die Ladung

seines Sinnens

in die Gedanken

seiner Frau hinein
Energiekugeln die Quelle
spiralförmig umkreisen
Bis sich Schuppen
ihrer Haut lösen
Haare spalten
Fetzen trennen
Geliebtes Fleisch
zum Himmel fliegt, bis
durch sein Sinnen zersetzt
was ihn einst lächelnd
angeblickt

MOLOCH *

Der du dich besinnst.

Sinn auf

Sonnenabgang

In den dunklen Stätten

des Golch

Erdolchen tut er

Darben musst du

unter des Krippenschein

Verwesen

Erleiden die Fische

Verstehen die Karpfen nicht

Wesen

Ich lebe im Raum

Kreiden mich Glocken ein

Komm zu mir

Lichtung

Ich verstehe

Endlosigkeit im Traum

Apfelkompostein narben

sich an des Flusses

Eden

Ich lebe

Mazedoniens Weinkammer

Laben die Zofen

der Jungfräulichkeit

schwarz auf weiß

LICHT

KÖRPER

FARBEN

Du musst darben

denn er ist tot

der dessen Schein du nie warst

der dessen Mein du warst

Wahre den Schein

Mikrokosmos

Glocke übergestülpt

Ziegen lecken den Stein

Wiegen tust du allein

Ein Nichts

Ein Utopia.

Ein Einhorn

Orchideen

MOLOCH

Er

jauchzt

und weiß nicht

was ihn schmerzt

Haltlos dringt es ein

Eilend sucht es das Nichts

Füllende Leere; stehend

sitzen die Dornen

an seinen

Pfoten

Bei Nutzung:

1. Immer stramm an der Leine halten.

2. Den Zensurkorb immer fest um das Maul schnallen.

3. Von dem Köter selbst, ohne Fremdimpuls,
produzierte Ausscheidungen verhindern.

3.1. Im Falle eines Versagens, Punkt 3 betreffend,
von der Schichtführung autorisierte
Aufnahmebehältnisse bereithalten,
die vorher mit werkseigener, dem vorbildlichen Verhalten
unserer Werksleitung zu Grunde liegender Ideologie,
zu imprägnieren sind.

3.2. Kontaminierte Aufnahmebehältnisse
sofort fest verschließen, um olfaktorische Belästigung
der beiwohnenden Arbeiter zu vermeiden.

3.3. Anschließend sicher und
unwiederbringlich entsorgen.

gez. Grot

What is not meat

does not exist

Was nicht Fleisch ist

ist nicht da

denn der deutsche Fleischer

findet keine Arbeit mehr

Gelernt, zerlegt und ein paar Mal totgemacht

Schaf schmeckt ihm besser als Ziege

Der deutsche Fleischer war:

Arbeitssuchend, arbeitslos

Der deutsche Fleischer ist:

Verheiratet und hat zwei Töchter

Im Gartenlandschaftsbau knüppelst du nur

von Montag bis Samstag

Alles nur Exknackis

War in Afghanistan

A man loses his profession

Screaming people in the market

I became a butcher cause I can't work

in my profession anymore

The people need meat

But you don't find neat lawns

cared for by former prisoners

Masha, die Maschine, wie ich sie liebe!

Eingestellt hab' ich nix, darf ich nich'

Sag' nich' ich, sagt die Unterweisung!

Aber wenn sie runter läuft - in der Pause

weil der tölpisch' Arbeiter sein Brot vergessen,

die letzte Schicht zu ihren Mädels geht -

dring ich ein, in die Fabrik der Auferstehung

Komm' immer nur zur Lubiene

Meine Maschine Nummer Elf-Acht-Elf

Dort dreht sie mit mir ihre Zahlen runter

bis das Öl ihr aus der Ritze spritzt

Risse durch Rost, die ich nicht heilen darf

Sag' nich' ich, sagt die Unterweisung!

Nur mein Schweiß, der tropft auf's Blech

bis der Lack der Buhle blättert

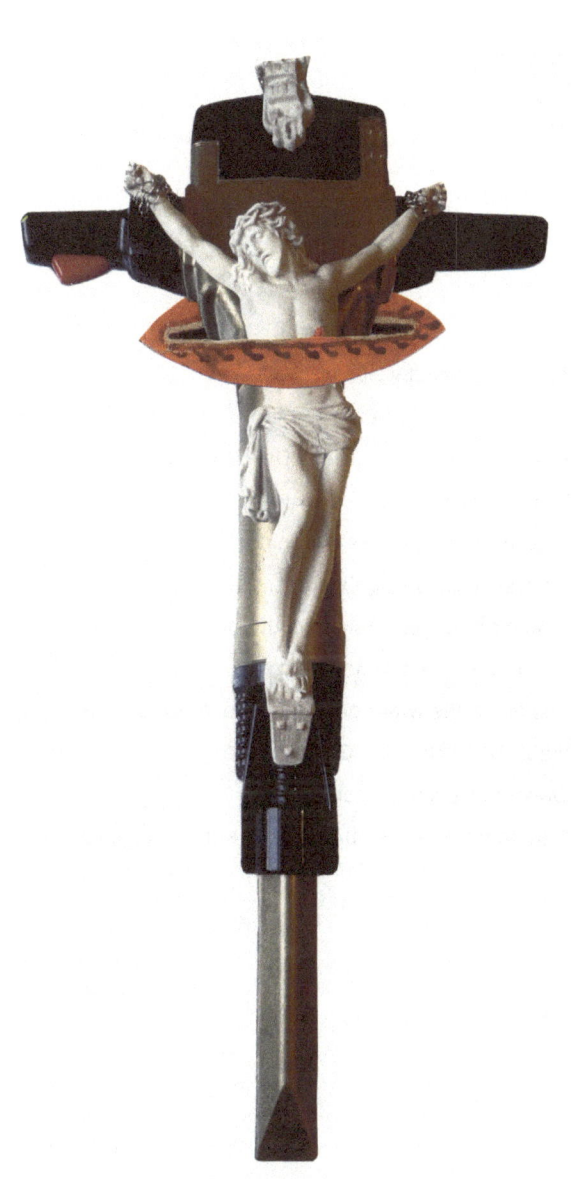

Heiß und arbeitsreich ist die Nacht

für unser statuiertes Exempel

In Manie es seinen Corpus Delicti vorbereitet

Schweiß verbreitend

Alles muss genau gestellt sein!

Frische Milch wird gebracht ..

In klinisch engem Raum schuftend

Adern aus tollen Augen platzend

Ans Maschinenwerk gekauert, die Rohre befüllend,

fließt die Milch seine Gänge empor

Warm muss sie werden!

Den kalten Stahl erquicken, die Kunden beglücken!

Ganz unten, unser Exempel unter fiebrigem Zittern

bringt die Milch bis an die Maschinenspitze hervor!

Formen tut sich langsam ein Sinn

den Hybrid betreffend:

Ganz oben als Schmankerl

ein kleiner Springbrunnen

welcher während in Betrieb

die Außenwelt mit warmer Milch betupft

Darunter ein komplexes, kegelförmiges Gerüst

aus mechanischen Armen, Sprossen, Leitungen

Ein Spross, eine Hauptzufuhrleitung

Expansion und Verbreitung

Warten ..

Weiß lackiertes Wunderwerk!

Noch, außen um es alles ruhend

Deformierter Mensch-gemachter Schwan

Schmach kann ja schön sein!

Zum kräftig-lauten Hahnenschrei

wird es seine federlosen Flügel spreizen müssen

um zu schenken, auszuschenken -

Warm die Milch, fließen wird sie bald!

In rote Schnapsnasen und Kirschmünder

Tote Pausbäckchen lasieren

Doch noch kein Hahn schreit

Unser Exempel emsig zählt

die Minuten bis zum Morgen

Zählt die weißen Tassen

die letzte Schicht zerbrochen sind

I - L'avalanche de pierre

Wollt die schon so alten Eltern besuchen
als man mich an der Schranke ausgeladen
Man sieht: Die Kulissen aus 'The Lady Vanishes'
Oh danke dir, mein getreu Korallenschiff!
So sind wir sicher hier, haben auch gut abgefischt -

Reichlich die Schaben, der Rasse 'Moneten'
sich gegenseitig fraßen, bis der Wert in den Taschen
sich über Zeit an den Beinen abgeschabt
Nur noch ein Abriss da tänzelt und kriecht -

Maléfique! Sagt der Franzos', so möchte ich ihm doch
etwas geben: Den Todesstoß, diesem Genießer,
diesem Caractère! Wohl wahr, bin Geschichtsdozent
Mit Verlaub, frankophob - Oder war es magnifique?
Bin doch kein Dilettant, der sich toll dünkt!

Wie der Dozent im Schnee so wandert, ein Gnomus -
oder was ist's? - sich an seine Stapfen schmiegt
Es werden mehr, bis eine schwere Traube ihn verfolgt
Er dreht sich um: Eine Heerschar Affen sind's!

„Nach dir trachten wir, hast uns sonst verschmäht!"
Nasalt der kleinste Affe, nichts weiter als ein Lump,
ein Bettler! Sagt, er will mich die Carmina Burana
aufs Neue lehren? Auf seinen Befehl hin, die Horde
nimmt antiquierte Musikinstrumente zur Hand ..

Lärm! Und wieder Lärm in den Ohren des Alten
Das Geröll, der umliegenden Berge, vor Schrecken,
vor Wut, entgegen dem erlösenden Abgrund
sich windet und sputet - Gehüpf und Geschrei!

„Das ist Affenmusik" schreie ich mit Betonung
„Ihr grämt die alten Götter Griechenlands
die über das jetzt vermüllte Land so weinen!"
„Drum kullern wir ja, mit unserem Spiel
die versteinerten Tränen der alten Götter .."

„.. auf den alten Gelehrten nieder!" Den Schluss
des Affensatzes, hört der Dozent nur dumpf
im Schädel verhallen, denn getroffen hat ihn
eine schwere Wehmutsträne von Süden her

II - Le voilier prétentieux

Ein Korallenschiff, das schwimmt sicher im Meer
und auch zu Land, solang kein Sturm sich aufbraut
Denn dieser hat keine Scheu, vor schönen Dingen
Peinigt den Dozenten mit dicken Donner-Blitzen!

Muss - nach - Luft - schnaufen, nach diesem Traum
War so friedlich unterwegs, auf einmal Gewitter!
Blitze die mir Bäume in den Weg gepflanzt
Mich festgesetzt .. ja wo? Bin ich jetzt wieder ..
„Im Etappenlazarett mein Lieber!" Nein, der Affe!

„Wolltest doch schon immer ein Held sein
Nun kannst du spüren worüber du sonst referiert
Wenn auch jetzt nur noch dem Vaterlande
man dich zur verteidigenden Reserve erhält"

Wollte doch noch nie ein Soldat sein ..
Habe es meiner Mutter geschworen; Humanist!
Ja, das bin ich, ein Umsegler der Weltgeschichte
Was noch .. ? Kann ich stehen, kann ich gehen?
Korallenschiff, trage mich trotz kaputten Beinen!

„Zu seinen Eltern will der alte Knabe also
Sei dir gewahr, sobald du dich erhebst
werde ich ein Klammeraffe am Rücken sein
Dein schizoid auf ewig Kummerlein"

Doktor, Sie sind doch studiert, so sagen Sie mir
dass dieser Krieg seine Nahrung nicht finden wird!?
„Können Sie wieder laufen, ist alles wieder gut
Doch nicht weit von der Stadt: Die Hauptkampflinie
Beeilen Sie sich, gibt es keinen HKL-Krüppel!"

Bei diesen Worten das abtrünnige Äfflein sich erhebt,
sein Trapez aufbaut, darauf turnt, musiziert, schießt
Fotos mit seiner neuen Kine Exakta, sagt statt 'Cheese'
'Monkey Eden' und hebt empor den Flair der Hölle!

Ich flüchte, mein Korallenschiff trägt mich doch immer,
zum Ausgang, ein Kettenhund fängt mich geifernd ab:
„Die Stadt ist zur Festung erklärt, keiner kommt raus!"
So war ich eingeladen, auf die Begattung des Affen
Es grinst das ganze Spital, laut lacht die Verwesung!

Lieber Gustav,

Ist dein Dasein nur noch ein Nebelleben

so wie meins? Asche, vermischt mit argem

Soldatenschweiß, die auf dem Wein des

Pfarrers Kelches klebt und schwimmt

und weder unterzugehen, noch aufzulösen

sich vermag! Gustav! Gustav?

..

Liebe Marleen,

Oblaten, so groß wie die deiner Mutter,

Marleen, fliegen hier durch die Lüfte

Nur sind sie schwerer, und nicht so lecker

Denn wenn sie treffen: Ach! Zerfleischt

der weinerliche Kamerad, der vorhin sprach

von etwas.. ? Ach ja: Vom Dichtertum

und dem Verleger, der diese.. Angstgeburt

von Träumer, nur ungern gehen ließ

..

Lieber Gustav,

Kalt, ist es hier mein Gustav, wie Regen

trieft der Staub aus dem Gebälk hervor

wenn die von dir besagten „Oblaten"

mein Elternhaus zu berieseln gedenken,

denke ich deiner Worte die da waren:

„So wie der Vater mich nicht in den Tod

zu führen vermochte, so wird der General

erst recht dran scheitern müssen!"

..

Liebe Marleen,

Du schriebst „mein Gustav"; Oh, wie boshaft

doch gleich schmerzlich süß dies klingt!

Wie ein Vögelein das mit spitzem Schnabel

an mir pickt und dabei lustig fiept sein Lied:

„Ach du närrisch arbeitswütig Ding,

siehst mich etwas allzu spät; nun ist's vorbei!

Ich picke dir dein Aug' aus, und dann das andere

Lege dann hinein mein Ei, und dann das Weitere"

Frecher Furunculus, brichst durch meine Haut

Raubst mir Aug', Seele und Verstand

Doch mein Verlangen raubst mir nicht!

..

Lieber Gustav,

Wohin führt dich dein Verlangen?

Geflossen, dann erstarrt das Wachs

Vernarbt ist der Brief: Harte Haut

auf der es sich schlecht schreiben lässt

Drum schließe ich schnell das Brieflein

mit den Worten: *„Doch nicht zu mir Gustav*

Doch nicht zu mir, führt dich dein Verlangen?"

Liebe Marleen,

Was bin ich für dich?

Was bin ich überhaupt für dich?

Was bin ich denn eigentlich für dich nun wirklich?!

Marleen! Nur mit dir, Marleen! Marleen?

Asche verbrannter Menschenhaut

brennt ein Loch hinter's Fragezeichen

Kann so nicht weiterschreiben

ohne zu erbleichen; das nun gelochte

goldig schöne Pergament

Ich kann nicht weiterschreiben

ohne es je zu erreichen:

Dein' verliebten Mund

Der mich abstößt und alsbald

einem Oktopuse gleich, ansaugt,

verzehrt und restlos glücklich leert

Wer sie vermisst, der weiß:

Gewieft und gerissen

war das rote Wieselmädchen

Doch schön und hell

wurde es ringsher, wenn sie drehte

an meinen Rädchen

So, von Rad zu Rad eilte,

in meinem Köpfchen

Man keinen Rat mehr wusste -

„Bei meiner schwarzen Schwanzspitze!"

Wenn sie verstellte und feststellte

mit ihren Pfötchen

Sich verstellte; an mir feststellte!

Sich die Welt um uns drehte

und alles Böse

an uns Wieseln vorübereilte

Prolog:

*„**I**n unserem nächsten Beitrag*
bitten wir nun um ihre Aufmerksamkeit
verehrte Leser, um eine relativ neue Form
jugendgemäßer Unterhaltung.
Sie hat jedoch bei unseren Jugendlichen
schnell Zustimmung gefunden"

Da gibt es diese spastischen Spezialisten,
die durch das Cuniculorum der Städte flüchten,
in den lauten Bau, um dort auf und ab zu hüpfen

Die Enzyklopädie der Tiere sagt:
Diese Böcke buhlen, trinken, spucken, lümmeln
Reizende Rammler, die ihre Ruten reiben
Nach Luther, all das Unreine in sich vereinen
Zitat Ende

Dann gibt es diese süßen Bunnies,
die im besten Kaninfell ihre Düfte sprühen
Sich nur im Rudel von der Stelle rühren

Die Enzyklopädie der Tiere sagt:

Diese Zibben zicken, trinken, kichern, mümmeln

Saftige Schlampen, die ihre Schenkel spreizen

Nach Omas Weisen spielt man so nicht mit seinen Reizen

Zitat Ende

Dann gibt es noch diese fremde Art*,

die sich selbst glücklicherweise genügen

Sich auf diese Art doch einfach nur Vergnügen

Epilog:

Der regionale 'Sajtschik am Sonntag' titelt:

„KARNICKEL-GRAUEN - Das Leiden der Kaninchen"

Jedoch der informierte Leser - Pardon -

Tänzer von heute weiß:

Wir meinen die Diskotheken!

* *Die Enzyklopädie der Tiere sagt:* Diese Spezies nennt man Mensch

Nach dieser wird in diesem Buch jedoch nicht weiter gefragt

Festlich ergötzt man sich an sich selbst *

Frohes Treiben
Greller Schein
   Will nur tanzen
   Will nur schreien

      Sieht nicht Gestern
      Sieht nicht Morgen
         Isst nur Heute
         Schläft am Morgen

            Stille Frühe
            Leere Flaschen
               Blanke Pisse
               Nichts zu naschen

                  Will nicht schreien?
                  Will nicht tanzen?
                     Wartet nur auf
                     La Grande Bouffe

Buschig, aufgebläht. Aufgefunden am sterbenden Baum

Dessen letzte Blätter haben sich zwei Karnickel

vom feucht modrigen Boden in sich hinein gesaugt

Sorgsam die Schatten der kahlen Äste entlangfahrend

um das letzte Indiz von Leben zu verspeisen

Auch wenn die trocknen Blätter ihre kleinen Mägen beißen

Wenn der Baum nun niederschaut

und weiß: Er war einmal

Sieht er die ersten Nachmieter

sich zwischen seinen Wurzeln

in die lockere Erde graben

Seine vielen Füße freigelegt

kann er endlich gehen wohin es in beliebt,

und ob erster Gang wird sein letzter sein,

ist ihm gleich, denn er hat nur ein'

Doch noch immer er das nährt,

was unter ihm gedeiht:

Vollgefressen,

aufgebläht sich die zwei Karnickel

durch ihren eigenen Gang hinunter zwängen

Zur dicken,

im Bau unbeweglich dahingestreckten Königin

Ein fettes Karnickelexemplar,

das gefüttert werden muss

Hineingewürgt

wird das letzte Blättermahl von zwei Lakaien

In das S

eines haarig-parasitären Karnickelfeedee

Umschlossen ist das S von einem Herz

und eingestanzt ist dies Symbol

auf die Stirn der Königin

Damit es neue Kinder

durch dieses Tor gebären kann

muss das S sich öffnen,

um zu fressen, was ihr dargereicht

Muss das S sich öffnen

und zur Vulva neuen Lebens werden

Damit das elendige, alte Tier

dem Baume endlich folgen kann

Auf dem Tortenheber liegst du
Süß und fettig dein Fleisch
Das Tortenmesser trieft noch
Ein Fettfleck weitet sich
umschließt die Torte, umschließt dich
Rosa Tischdecke wird zu dunklem Rot
Sahne fließt, wie dünnes Haar fällt
Gierig wartende Blicke ersehnen den Verzehr
Doch was macht dies schon
Halten darf nur ich die Kuchengabel
Fest ergriffen, sicher liegt sie
von meiner Hand umschlossen
Und bevor sie dich sticht
trifft sie meinen eigenen Tortenboden
Im Tortenbodenfleisch sich drehend
Metallzinken die auf Keramik kratzen
ist Musik, die lieben lässt

Verguckt

Opulentes Spiel etwaiger Seelen
die sich trafen, um heimlich zu beraten

Besessen, des Anderen Gunst
an den eigenen Interessen zu messen

Gewagt wäre doch, wenn man zu wissen meinte
dass beide nicht die selbe Hülle bekleide

ie das Gefälle eines spitzen
Hügels, verklingen
die letzten
Tage
mit
di
r

———————— **M** ————————

acht schnelle Schritte

Wandelt des Nachts

Schläft nur wenig

Isst nur wenig

Aber lieben

tut es dich

imme

r

Gewartet.
Du bist wohl vorgefahren,
sagt man mir

Angekommen.
Dein Fahrrad steht bei der Schule
Oben brennt Licht

Aber.
Ich schleppe Möbel im Matsch
Jetzt! Will ich dich besuchen

Abend ist's.
Das Haus deiner Eltern,
steht gegenüber der Schule

Deine Mutter gibt mir frische Socken
Du bist nicht im Haus,
sagt man mir

Hinausgeeilt.
Im Regen steht doch kein Fahrrad mehr!
Oben brennt doch auch kein Licht mehr!

Die Schwulenbar.

Im Keller der Grundschule

Man fragt mich ob ich katholisch bin

Gesehen.

Hat man dich hier auch nicht

„Ist sie deine Freundin?"

Freundin.

Ist sie meine Freundin?

Meine, Schuhe sind durchgenässt

Deine Mutter gibt mir frische Socken

Du wärst in deinem Zimmer,

sagt man mir

Aber.

Ich sitze am Esstisch

mit deinen Eltern

„Sind die Socken auch schön warm?"

„Schmeckt die Suppe auch gut?"

fragt man mich

Die Treppe.
Aber du schläfst schon,
sagt man mir

Dein Wesen.
Ich stülpe es mir über
„Willst du noch frische Socken zur Nacht?"

„In diesen Jahren ist das Schulleben das Leben selbst; es steht für dieses; seine Interessen schließen den Horizont, den jedes (braucht), Leben braucht, um Werte zu entwickeln, an welchen, so relativ sie seien, der Charakter, die Fähigkeiten sich bewähren. Sie können das menschlicherweise aber nur, wenn die Relativität unerkannt bleibt. Der Glaube an absolute Werte, illusionär wie er immer sei, scheint mir eine Lebensbedingung."

Der Fisch & Der andere Fisch

Ein Merksatz des Max Mauritius

O

Im Netz

schlägt und schlägt

der Fisch, hart und härter

auf seinen Nächsten, mitgefangen

röchelt er, hart und härter, nach befreiender

Einsamkeit, die ihm jedoch nicht wird erteilt

da er doch nur: Ein Fisch, nur existent

wenn *a* den Bogen malt

und *z*, seinen

entgegensetzt

Im Netz! Gut erkannt

doch verkannt, was dahintersteckt:

Verreckt - Im Gemeindehaus,

wacht Pfarrer Max Mauritius auf

Fischig

ist es ihm zumute

Denn gefischt hat er sehr tief,

vielleicht zu tief, auf dem Grunde nach

den Gründen, seiner ihm, unbewussten

Lebenssünden .. Sodass sein Merksatz lautet:

Schnell zum Alltag wird, was vorher sehr geliebt

Weil dann verflossen, die möglich Kraft

dies zu erkennen, mit selbst

gefischtem Eigen

bedacht

o

Der Maulwurf-Mensch (Gangsystem vs. Autobahn)

Ein der, die, das Merksatz

Merke:

Der Mensch, der baut

Das Bauen

Die Straße, die lebt

Das Leben

Das Tier, das gräbt

Das Graben

Merke weiter ..

Ob Stadt, ob Land: Totes Netz

grauer Scheinverbundenheit

Breitgetretener Fortschritt!

Transparenz! Kompetenz!

Diese Festen werden

geschrien, gefordert

und nur mit fest überzeugten

Wahnsinnsaugen

ernster Miene besprochen

Resultat: Eingegraben

Neu erbautes Fundament

nicht kohärent

mit deiner Meinung?

Sieh mal ..

Nur du, ein Kind

auf warmen Asphaltgrund -

Das lacht! Das weiß:

Dass für der, die, das

es gibt einen Platz

so wie für diese Zeilen

den Parnass:

Der Mensch schreit:

Der Schrei

„Die Straßen sind erforderlich!"

Die Forderung

Das Tier spricht

Das Sprechen

Darüber jedoch nicht

Das Ende

Maulwürfe trillern

Kröten maulen

Dachse faulenzen

Wasserratten dichten

Menschen spinnen

Versuch es jetzt selber!

Vögel _____

Maultiere _____

Faultiere _____

Dichter _____

Spinnen_____

„Deutschland verbietet das ‚Du'!"

Ein Personalpronomen Merksatz

ich frage mich ..

lieb **ich** dich?

doch weiß **ich** es

eigentlich!

Willst ** mit mir gehn?

o   Ja

o   Nein

o   Wahrheit oder Pflicht

Merke:

Im deutschen Nominativ, Numerus Singular

sind Ich, Er, Sie, Es die Personalpronomen

Denn in Deutschland ist das „Du" verboten!

Ich

möch

te

nur

dass

mich

alle

mö

gen

Ich klage Dir mein Leid

..

und

für

mei

ne

Ta

ten

In

li

ner

be

schert

wer

den

Du schaust mich an

in meinem weißen Gewand

Welches tanzt mit mir

im warmen Wind

Ich dreh mich um zu dir

in meinem weißen Gewand

Wolltest es tragen

Berühren

Wolltest mit ihm tanzen

So lieb

Ich und mein weißes Gewand

sind auf dich gerichtet

und reichen dir die Hand

zum Tanz

Du stehst nur da

Nur ein Türfall zwischen uns

und du kommst nicht zu uns

Brüderchen

Auch wenn es im Moment

in Deutschland frühlingswarm ist,

ist doch noch mit kommenden

Winterlichkeiten zu rechnen

Ausbrechen wird der sich sonst

eher zurückhaltende Mond

dann sicher nicht

Sichtlich aber als geborstener Teller

über manchen scheinen und stehen,

denen des Nachts und noch mit Dank

sein Dasein zum langen Spazieren

im Park ausreicht

Bleich und bleicher werden dann dort

diese dunklen kleinen Gestalten,

denn tauschten und übten sie

schon lange nicht mehr

mit des Anderen Hand

Fand sie niemand wieder,

weil Deutschland diesen Winter

in Scheidungsanträgen

en masse versank

Warum enden diese Taten

als Kinder, die ihre Spielzeugspaten

hinter sich her schleifen

Unpraktikables Plastik

Meine Spielzeugeidechse

kann ihren Schwanz nicht abwerfen

Warum enden gute Taten

im Müden-Seufzer-Hafen

Langweilige Freundlichkeit

Eine Welt für sich, die das Gute

auf der ganzen Welt wohnen glaubt

Warum enden noch bessere Taten

im friedlichen Hof

(Dem Museum der Alten)

Die Leichen, einst verlacht

(Die jetzigen Legenden)

werfen des Nachts die Spielzeuge

(Der jetzigen Kinder)

zurück aufs Nachbargrundstück: Den Kindergarten

Und sagen: „Nur böse Taten enden mit Happy End"

Waldweg ..

Willst du nicht mit mir durch den Wald gehen oder hast du Angst vor   mor   schen   Äs   te   n   ?

..

Suche das, was gräbt in deiner Brust

Menschliches Wiederkehrer-Sein

Was sind wir schon ohne deine wachen Augen?

So hilf mir Liebchen!

Oder sind deine Sommersprossen nur aufgemalt?

Komm! Ja schau, dahin müssen wir fort

Es gibt Pflanzen dort, die für dich tanzen

Lass uns hasten!

Kleine Kinder sind dort im Nebel gefangen

Aber Nein! Mit den Toten spielt man nicht, mein Kind!

Wer lässt schon gerne seine Kinder weggehen!

Komm! Malen kannst du woanders

Dafür haben wir jetzt keine Zeit

Tragen möchtest du das?

Nein! Das trägst du nicht für mich

Du trägst doch mich, das ist nichts

und doch mehr, als du je tragen können wirst

Du bist ja eh schon ganz krumm

Bald passt du in die Regentropfen ringsher

und wirst fortgetragen von hier; von mir!

Komm! Ziehen müssen wir

dahin, wo dich niemand findet

Dahin, wo nur Du und Ich

im warmen Fette schwimmen dürfen

Liebchen, du kannst hier doch nicht ..

Nein, nicht hier! Setz das wieder auf

Hör auf! Lauf doch! Und lass mich!

Schön ist es wenn du so schaust

Ach ja, ich vergaß

Nimm! Und geh!

Ich bleibe dicht hinter dir

Ja, geh! Und wehe du sagst

den Anderen etwas,

über etwas, von dem du nichts weißt!

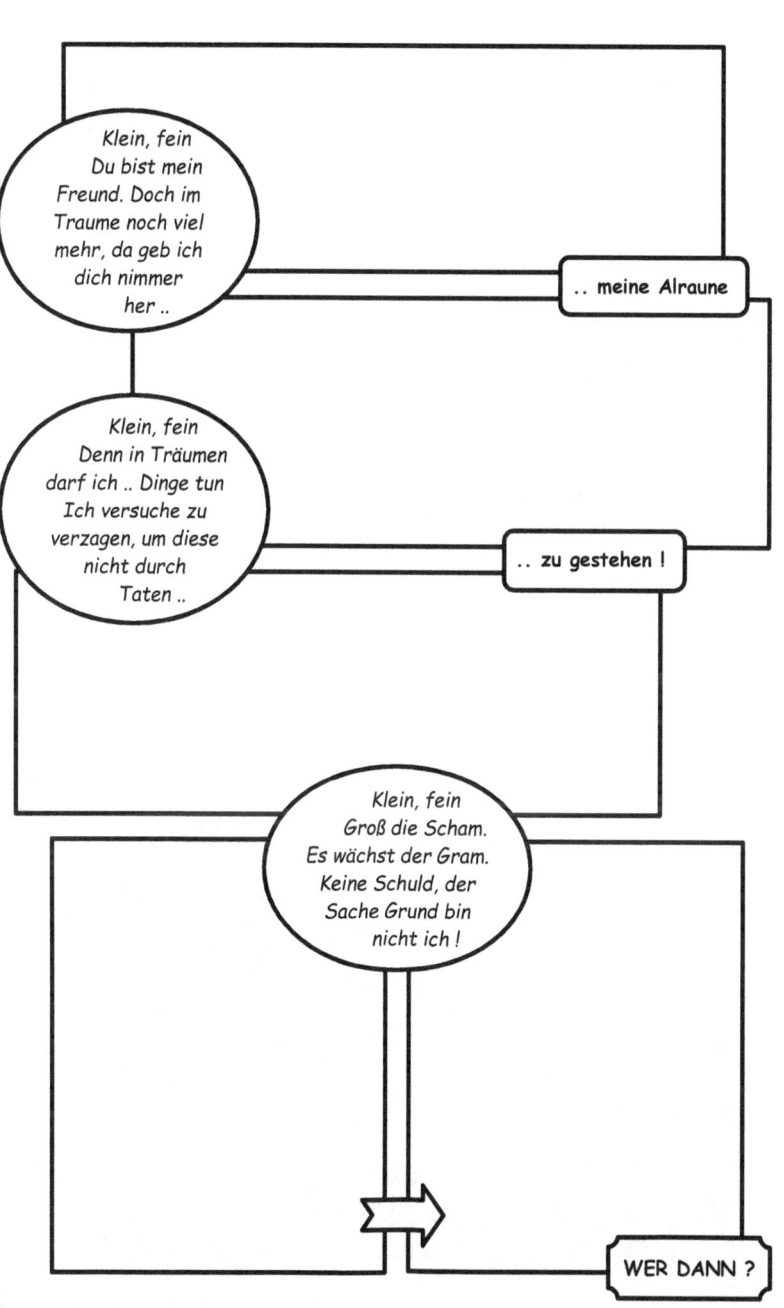

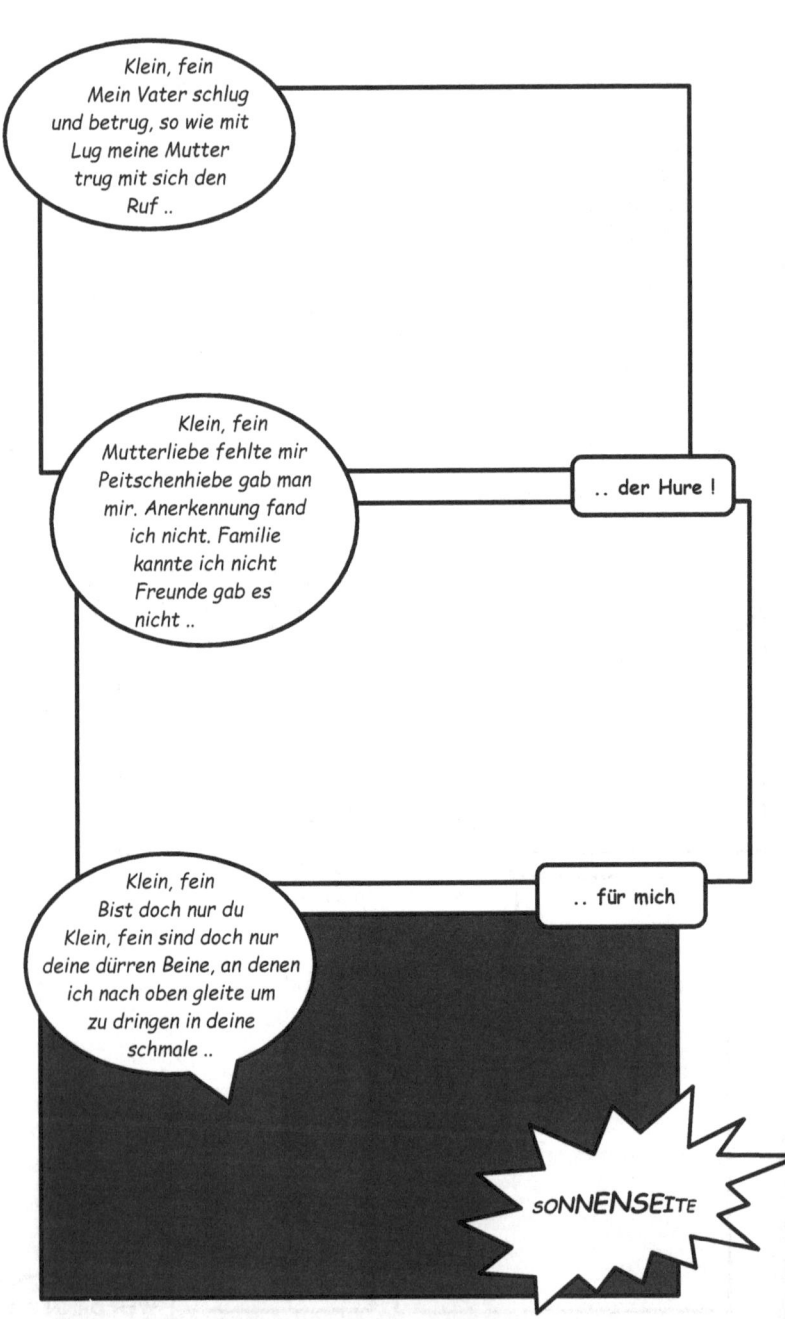

TsfKs !

* „Sie sind getarnt als Familienväter, Lehrer, Priester, oder der nette Onkel von Nebenan. In Wahrheit sind sie weder Mensch noch Tier. Sie sind nichts Anderes als Bestien. Sie verhalten sich unauffällig bei Kollegen und Familie, oder im Freundeskreis. Diese Sexualkannibalen schleichen sich wie die Syphilis an unsere Kinder heran. Sie zerstören ihre Seelen, misshandeln ihre Körper, und töten sie. Werden Kinderficker dann gefasst, erhalten sie für Misshandlung, Vergewaltigung und Mord an Kindern meist nur geringe Strafen. Oder werden in psychiatrischen Einrichtungen untergebracht."

ENDE

.

G

rößere

Turbulenzen

gefolgt von immensen

Wasserströmen, die nicht

flossen, weil zuvor vergossen

die immensen Wassermassen

die niemand wollte bei sich

lassen; was wenn sie nicht

verlassen, des Trägers

Tränensack?

..

[Ei]!

.
Ab-
ge(h)-
schie-
den-
H[ei]t-
er-
k[ei](l)t

H[Ei]ter(l)keit . **des (Ab)schieds**

Ver-
k[ei]lte
[Ei]tel-
k[ei]t
bl[ei]bt
[ei]n-
ge(h)-
r[ei]ht
im
L[ei]b
ver-
t[ei]lt

[ei]
[ei]
[ei]
[ei]
[ei]
[ei]
[ei]
[ei]
[ei]
[ei]
!
(Ab)
.

David Rabótnik 2011 – 2018 *

* *Alle in diesem Buch veröffentlichten Texte und Illustrationen, insofern es sich nicht um ausgewiesene Inhalte anderer handelt, sind in oben genannter Zeitspanne entstanden.*

Reflexion aus dem Nachlass

~

„Die höchste Vollkommenheit des Menschen besteht in der völligen Harmonie aller seiner Seelenkräfte, und all sein Streben soll dahin gerichtet sein, diese Harmonie in seinem Innern hervorzubringen. Man soll daher die Wissenschaft nicht bloß um zu wissen erlernen, sondern sie auch zu diesem Zwecke benutzen. Steht irgend eine Kraft deiner Seele nicht mit der andern im Gleichgewicht, so erlerne eine Wissenschaft, die diese[s] ergibt. Fehlt in deinem Denken Ordnung, in deinen Begriffen Stetigkeit und Deutlichkeit, so lerne z. B. Logik und Mathematik. Ist dein Gefühl zu reizbar, deine Phantasie zu lebhaft, ergreife eine abstrakte Wissenschaft, die deine Kräfte anstrengt und dein Gefühl vor Ausschweifungen bewahrt. Im entgegengesetzten Falle aber übe die schönen Künste, lies Dichter, gib deinen Gefühlen Nahrung und deiner Phantasie Schwingkraft u.s.w., kurz, deine Seele sei ein volltönendes Instrument, das in schöner, reiner Harmonie den Hörer entzückt."

~

Katharina Schücking

Danksagungen

~

Vielen Dank an ..

Alle Rabótniks!

Im Besonderen

Richard Rabótnik

für das Lektorat sowie Kritik und Anregungen

Claudia Stark alias *Fromme Schimpansin*

für

ihren Gedichtbeitrag „MOLOCH" (S. 40)

vertont zu finden unter

www.youtube.com/watch?v=Eb3ZrOWXuDg&t=6s

sowie

ihre Wortvorgaben in den Gedichten

„Bandrika - Sich selbst entfaltende Kulissen" (S. 54)

& „Fragen an Marleen" (S. 58)

Eva Adam

für ihren Gedichtbeitrag „Schwesterchen" (S. 87)

Tuğba Şimşek

für ihre Illustration zu dem Gedicht

„Festlich ergötzt man sich an sich selbst" (S. 66)

www.tugbasimsek.com

Christoph Seelinger

für die Verwendung von Standbildern aus seinen Filmen

(S. 63 & 71)

Martin Köhler & *Chimmy*

für den seelischen Beistand & den zündenden Funken

Pedro & *Nadine Engel* der Musikgruppe Acylum

für die freundliche Erlaubnis ihren Text im Gedicht

„Ein Comic zum Selbstmalen" (S. 97)

verwenden zu dürfen

www.alfa-matrix-store.com/Acylum

die *Nyland-Stiftung*

für die freundliche Erlaubnis ein Zitat aus dem Buch

„Katharina Schücking – Lesebuch" verwenden zu dürfen

(S. 103)

www.nyland.de

Sakico Jia

für Alles

Bildverzeichnis

~

Für weitere Arbeiten siehe

www.deviantart.com/rabotnik11811

*I*nhaltsverzeichnis

~

Zeitfracht Medien GmbH
Ferdinand-Jühlke-Straße 7
99095 Erfurt, Deutschland
produktsicherheit@kolibri360.de